David Jugel

Die Wirtschaftspolitik unter Ronald Reagan

Increasing Prosperity by Reducing the Growth of Government

GRIN Verlag

Bibliografische Information der Deutschen Nationalbibliothek:

Die Deutsche Bibliothek verzeichnet diese Publikation in der Deutschen National-
bibliografie; detaillierte bibliografische Daten sind im Internet über http://dnb.d-
nb.de/ abrufbar.

Impressum:

Copyright © 2010 GRIN Verlag, Open Publishing GmbH
Druck und Bindung: Books on Demand GmbH, Norderstedt Germany
ISBN: 978-3-640-82418-2

Dieses Buch bei GRIN:

http://www.grin.com/de/e-book/166115/die-wirtschaftspolitik-unter-ronald-reagan

TECHNISCHE UNIVERSITÄT DRESDEN

Philosophische Fakultät

Institut für Politikwissenschaft

Seminar: **Wirtschaftsordnung und Wirtschaftspolitik**

Wintersemester 2009/2010

<u>Seminararbeit zum Thema:</u>

„Increasing Prosperity by Reducing The Growth of Government"

- Die Wirtschaftspolitik unter Ronald Reagan -

Vorgelegt von: **David Jugel**

Studiengang: Lehramtsbezogener Bachelor-Studiengang
für Allgemeinbildende Schulen
Geschichte
Gemeinschaftskunde/Rechtserziehung/Wirtschaft
3. Fachsemester

Datum: 14.04.2010

Inhalt

1. Einführung

"It is our basic belief that only by reducing the growth of government can we increase the growth of the economy."(Reagan 1981b) So heißt es im "White House Report on the Program for Economic Recovery" nur wenige Wochen nach Reagans Amtsantritt am 18. Februar 1981. Präsident Ronald Reagan folgte in seiner Wirtschaftspolitik diesem Grundsatz, dass nur durch ein Stoppen des wachsenden Staates - soll heißen: zunehmende Regulierung, Besteuerung oder Ausgaben - ein Wachstum der Wirtschaft erreicht werden kann. Jedwedes Vorgehen seinerseits lässt sich auf diesen Grundsatz zurückführen. Als Ronald Reagan 1989 das Weiße Haus verlässt, ist infolge dieses Handelns die wirtschaftliche Struktur der USA und großer Teile der westlichen Welt eine andere. Tiefgreifende Umstrukturierungen prägen das Bild der 80er Jahre. Die vorliegende Arbeit nimmt sich zur Aufgabe, diese Umstrukturierungen in ihren Ursachen, ihrer Gegenständlichkeit und ihren Auswirkungen fassbar zu machen und sucht abschließend nach einer Beurteilung dieses Wandels.

Dazu werden zunächst die wirtschaftlichen Ausgangsumstände der USA vor Amtsantritt Reagans dargelegt, um gleichsam die Interdependenz zwischen Reagans Wahlerfolg und seinem an diesen Umständen orientierten wirtschaftlichen Programm zu erklären. Bevor die tatsächliche Umsetzung dieses Programms betrachtet wird, werden knapp die theoretischen Grundlagen der angewendeten Instrumente nachgezeichnet. Abschließend soll es darum gehen, inwiefern man die Wirtschaftspolitik der Regierung Reagan als Erfolg beurteilen kann.

Die Argumente der vorliegenden Arbeit fußen auf einem breiten Spektrum von Fachliteratur, Fachzeitschriften und Studien. Besonders sind dabei die Werke Robert M. Collins´ „Transforming America" und „Debating the Reagan Presidency" von John Ehrman und Michael W. Flamm hervorzuheben, da diese umfangreich belegt und zugleich in ihrer Detailtreue, sowie Perspektivenvielfalt die faktische Argumentationsgrundlage dieser Arbeit bilden. Mit dem entsprechenden Abstand wurden auch Informationen und Werke von Personen herangezogen, die aus dem direkten Umfeld Reagans stammen. Dazu zählen neben Reagan selbst Jack Kemp, Arthur Laffer und William A. Niskanen. Letztlich sind zur theoretischen Begründung einerseits direkt Aussagen von Milton Friedman und andererseits Standartwerke von Hans-Rudolf Peters, sowie Reiner Clement, Wiltrud Terlau und Manfred Kiy herangezogen wurden.

2. Die Wirtschaftliche Situation der USA Anfang der 80er Jahre und die „Supply-Side-Economics"

Nach Ende des zweiten Weltkriegs erlebte die Wirtschaft weltweit einen enormen Aufschwung, der bis in die 70er Jahre anhielt und erst durch die Ölkrisen sein Ende fand. Diese führten als Angebotsschocks dazu, dass in den USA gleichzeitig die Produktion zurückging, als auch zur Entwertung des Geldes. Es kam zur Stagflation. Die Versuche Carters die wirtschaftliche Lage zu stabilisieren, liefen ins Leere (Ehrman 2009: 9). Die Stagflation, eine gleichzeitige Stagnation und Inflation, führten bei seiner Wirtschaftspolitik zu einem Zielkonflikt. Versuchte man die Produktionsleistung durch antizyklische Fiskalpolitik, zum Beispiel durch Konjunktur-Programme, zu erhöhen, hätte dies die Inflation vorangetrieben. Anderseits hätte eine Verknappung des Geldes, also eine restriktive Geldpolitik, zu weiteren Wachstumsverlusten geführt (Clement 2006: 564).

Dass Eingriffe in den Markt, wie etwa die Regulierung im Flugverkehr in den 70er Jahren, zwar Firmen am Leben erhielten, aber auch zur Explosion der Kosten führten, konnte nur so lange gerechtfertigt werden, wie es in der wirtschaftlichen Gesamtlage positiv aussah. Diese änderte sich mit den Problemen der Stagflation und gegen Ende des Jahrzehnts gab es unter Ökonomen, Verbraucherschützern und Politikern zunehmend die Forderung nach „Change" (Ehrman 2009: 10). Anfang der 80er Jahre schien die US-Wirtschaft auf einem Tiefpunkt zu sein; die Arbeitslosenquote lag bei 7% und die Inflationsrate bei 12,4%. Gleichzeitig verbuchte man ein Haushaltsdefizit von 73,8 Mrd. Dollar (Kramer 1989: 157). Dieser Umstand führte in Regierungskreisen und bei den Wählern dazu, dass experimentelle Ansätze zur Verbesserung der Wirtschaftslage immer mehr Gehör fanden (Ehrman 2009: 10)

Diesem Ruf nach Veränderung kam Reagan in seinem Wahlkampf nach, indem er der bisherigen amerikanischen Wirtschaftspolitik die „Supply-Side-Economics"[1] entgegenstellte. Sein Programm stützte sich auf vier Grundpfeiler (Niskanen 2002):

(1) *"Reduce the growth of government spending";* mit Reduzierung der Staatsausgaben sollte ein ausgeglichener Staatshaushalt erreicht werden, unter anderem um die Kapitalmärkte zu entlasten und somit eine Senkung der Zinsen herbeizuführen.

---

[1] Supply Side Economics wird in der Regel als angebotsorientierte Wirtschaftspolitik übersetzt. In dieser Arbeit versteht sich die Supply Side Economics als spezielle Wirtschaftspolitik von Reagan, die viele angebotsorientierte Elemente aufweist, jedoch nicht deren reinen Idealtypus darstellt.

(2) *"Reduce the marginal tax rates on income from both labor and capital"*; Steuerent-lastungen sollten die Wirtschaftsleistung ankurbeln, indem sie sowohl Anreize zum Investieren und Sparen, als auch zum Konsumieren schaffen sollten. Gleichwohl sollte dadurch Schwarzarbeit weniger attraktiv werden.

(3) Die Säule *„Reduce Regulierung"* zielte darauf ab, die Wirtschaft von staatlichen Regulierungen zu befreien, um den Wettbewerb zu fördern.

(4) *„Reduce inflation by controlling the growth of the money"*, das heißt konstantes, aber gemäßigtes Geldwachstum sollte zur Eindämmung der Inflation beitragen.

Die Politik unter diesen vier Grundpfeilern wurde bald Reaganomics genannt, einem Kofferwort aus Reagan und economics, dem englischen Wort für Wirtschaftsleere. Die Hauptziele dieser Politik waren, den Anstieg von Investitionen und Sparkapital, sowie wirtschaftliches Wachstum zu begünstigen, ein Ausgleich der Staatsausgaben, die Wiederherstellung eines stabilen Finanzmarktes und die Reduzierung von Inflations- und Zinsraten zu fördern (ebd.). Dabei griff das Wirtschaftsressort der Regierung Reagan auf verschiedene Hypothesen, Instrumente und wissenschaftliche Befunde zurück, die im Anschließenden nachgezeichnet werden sollen.

3. Die theoretischen Grundlagen von Reagans Wirtschaftspolitik

Reagans Wirtschaftspolitik ist nicht nur geistig, sondern auch personell sehr stark durch die Ansätze des Monetarismus und der Chicagoer Schule geprägt. Letztere findet ihre Wurzeln bereits in den auslaufenden 20er Jahren an der Wirtschaftsfakultät der Universety of Chicago, wo vor allem Frank Knight, Jacob Viner und Henry Simons lehrten. Einer ihrer Studenten ist ab 1932 Milton Friedman, der 1946 als Professor an diese Universität zurückkehrte. Die Chicagoer Schule geht dabei im Gegensatz zur keynesianischen Theorie von einer Stabilität des privaten Sektors in Wirtschaftssystemen aus. Folglich koordinieren die Mechanismen des Marktes die Wirtschaftsobjekte von selbst optimal und gleichzeitig entsteht ein permanenter Trend zur Vollbeschäftigung (Rudolf 2000: 210). Der Grund für Störungen im Wirtschaftsablauf oder für Beschäftigungsschwankungen, ist nach den Anhängern der Chicagoer Schule vor allem in Staatseingriffen zu suchen.

Der Nobel-Preisträger Robert Lucas und seine Anhänger der "rational expectations theory" gehen darüber hinaus davon aus, dass staatliche Eingriffe unwirksam bleiben, weil wirtschaftliche Akteure diese antizipieren (Collins 2007: 62). Diesen neoklassischen Thesen folgend stellt Reagan seine Forderung nach „reduce Regulierung" mit der Begründung, dass gesetzliche Regulierungen nichts anderes seien als staatliche Eingriffe in den Markt.

Der Monetarismus geht dabei noch weiter; nicht nur, dass er staatliche Eingriffe ablehnt, weil diese die natürliche Stabilität stören, sondern auch, weil die Ausgabefinanzierung von staatlichen Konjunkturprogrammen den Kapitalmarkt belasten kann. Folglich steigen die Zinsen, was Investitionshemmungen seitens der Unternehmen provoziert[2].

Folgt man dem monetaristischen Ansatz weiter, so ist in Anlehnung an die Quantitätstheorie eine Steuerung des Marktes, wenn überhaupt, nur in der Abhängigkeit von Zins und Kredit möglich (Rudolf 2000: 211f). Eine Steuerung des Marktes ist demnach nicht durch gesetzliche Regulierung zu erreichen, sondern letztlich nur durch Regulierung der Geldmenge. Getragen wurden diese Thesen in den 60er und 70er Jahren vor allem von Milton Friedman.

Friedman wies außerdem darauf hin, dass nur ein zeitlich begrenzter Zusammenhang zwischen Inflation und Arbeitslosigkeitsquote bestehe, was im Gegensatz zu den damaligen Annahmen einer ständigen Beziehung zwischen Inflation und Arbeitslosenrate stand, wie es in der Phillips-Kurve dargestellt wurde (Collins 2007: 62). Dieser zufolge konnte die Inflation nur gesenkt werden, wenn die Arbeitslosenquote fiel, was nur durch staatliche Interventionen zu erreichen sei. Friedman hingegen verneinte diese Theorie und sah die einzige Möglichkeit, die Inflation zu senken darin, die Geldmenge abhängig vom Wirtschaftswachstum zu verändern.

Er verlegte sich gleichsam auf eine langfristige Wirkung monetaristischer Maßnahmen, um diese von den kurzfristigen Instrumenten der keynesianischen Fiskalpolitik abzugrenzen (Clement 2006: 203). Demzufolge steht Reagans Forderung nach "*„reduce inflation by controlling the growth of the money"* in der Tradition monetaristischer Forderungen.

Dabei greifen sowohl die Chicagoer Schule, als auch der Monetarismus teilweise auf die klassischen liberalen Ansätze des 19. Jahrhunderts von Adam Smith, Alfred Marshall und insbesondere des Jean-Babtiste Say zurück, der in seinem Theorem darlegt, dass jedes Angebot sich seine eigen Nachfrage schafft (Clement 2006: 566). Die Vertreter der angebotsorientierten Konjunkturpolitik hielten der damaligen zu großen Teilen keynesianisch geprägten Wirtschaftswissenschaft vor, dass sie das Saysche Theorem nach der Depression der 30er Jahre völlig ausklammerte und sich stattdessen nur noch nachfragepolitisch orientierte (Collins 2007: 64).

---

[2] Dies bezeichnet man als Crowding-out-Effekt (Rudolf 2000: 213).

In den 70ern lehrte an der University of Southern California Arthur Laffer und vertrat nicht nur die Ideen Says, sondern arbeitete später auch im "Economic Policy Advisor Board" für die Regierung Reagan und gehörte damit zum direkten Einflussbereich für die Wirtschaftspolitik der Regierung Reagan. Seine zentrale These beruhte auf dem Zusammenhang zwischen Steuersatz und Steuereinnahmen. Er argumentierte, dass ein Staat keine Steuern einnehmen werde, wenn er keine erhebe, gleichsam wenn er 100%, also alles, was verdient wird, steuerlich abgreift, da in diesem Fall der Anreiz zum Arbeiten entfalle (Clement 2006: 521). Zwischen diesen beiden Nullpunkten auf der Achse der Steuereinnahmen erhebt sich abhängig vom Steuersatzgraphen folglich eine Kurve, die sogenannte Laffer-Kurve (siehe Abb. 1). In ihrem Extrempunkt befindet sich der optimale Steuersatz, der ein Maximum an Steuereinnahmen ermöglicht (ebd).

Reagan und sein Umkreis vertraten die Ansicht, dass die Steuern in den USA bereits so hoch waren, dass sie sich näher an der Nullstelle der Steuereinnahmen durch eine hundertprozentige Besteuerung befanden als an der Nullstelle der Nichterhebung und folglich eine Steuersenkung zu einer Erhöhung der Steuereinnahmen führen musste.

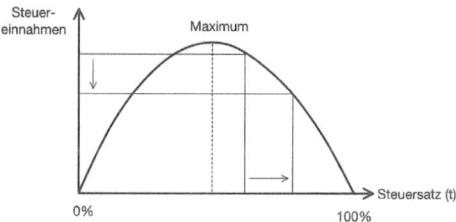

Abb. 1: Laffer-Kurve (Clement 2006: 522)

Über die Abstrakte Vorstellung der Laffer-Kurve hinaus verbanden die Supply-Side-Ökonomen mit Steuersenkungen eine Leistungssteigerung der Wirtschaftskraft, da Anreize für Arbeit sowohl bei Arbeitnehmern als auch Arbeitgebern steigen müssten. Gleichzeitig sinke bei niedrigen Steuern auch der Reiz an illegal unversteuerter Arbeit. Sie prognostizierten, dass das Wirtschaftswachstum durch gekürzte Steuern so stark sein werde, dass es sogar die Staatseinnahmen erhöhen würde (Collins 2007: 64). Da dieser Prozess jedoch langfristig ist und Steuersenkungen kurzfristig zu Steuerausfällen, also zu Haushaltslücken führen, war die Forderung nach einem schlanken Staat nicht nur wirtschaftsideologisch, sondern auch pragmatisch.

Zusammenfassend stützt sich die Supply-Side-Economics nicht auf eine antizyklische Fiskalpolitik, wie dies Keyns verlangt, sondern auf angebotsorientierte Politik, die nicht direkt in den Markt eingreift, sondern lediglich gute Bedingungen für den privatwirtschaftlichen Sektor schafft. Das Augenmerk wandte sich also zunehmend von makroökonomischen Fragen ab, hin zu eigenständigen Akteuren, Individuen und Firmen (ebd.: 62). Reagans Wirtschaftspolitik suchte, optimale Bedingungen für den mikroökonomischen Sektor zu schaffen, in der Gewissheit, dass sich dann der makroökonomische von selbst stabilisiere.

4. Die Umsetzung der Supply-Side Economics

Reagan sprach bereits in seiner Antrittsrede von *"the need to limit government so that the creative energy [...] could be unleashed to restore prosperity"* (Ehrman 2009: 16). Damit macht er ganz deutlich, dass „kreative Energie" und „Wohlstand" nur mit einer Wirtschaftspolitik erreicht werden können, die wenig „government" beinhaltet; soll heißen, keine staatlichen Eingriffe und geringere Steuerbelastung verwirklicht.

Hohe Besteuerungen hatten Reagan selbst betroffen[3], während er bei Warner Brothers als Schauspieler arbeitete. Als er 1964 Gouverneur von Kalifornien wurde, lernte er Jack Kemp kennen, einen ehemaligen Footballspielder, der zu einem Hauptverfechter der Supply Side Ecenomics im Kongress in Washington werden sollte (Collins 2007: 60). Jack Kemp war der Überzeugung, dass wirtschaftliches Wachstum nur mit Hilfe von Steuersenkungen zu erreichen sei. Er entwickelte mit Senator William Roth 1977 das sogenannte "Kemp-Roth Tax Reduction"-Gesetz, welches eine Steuerkürzung von fast 30 % der Einkommenssteuer über 3 Jahre hinweg vorsah. Das Gesetz konnte zwar erst 1981 unter Reagan durch den Kongress gebracht werden, galt aber von 1977 an als das republikanische Programm zur Überwindung der Stagflation (Kemp/Leuschel 1987: 39).

Reagan musste nicht erst für diese neue Politik gewonnen werden: *"Ronald Reagan was a supply sider long before the term was invented. For Reagan, such ideas were less economic doctrine than simple common sense"* (Collins 2007: 68). So startete Reagan 1980 in den Wahlkampf mit der Kampagne *"A strategy for Growth: The American Economy in the 1980s"* und in seiner ersten Ansprache als Präsident heißt es: *"Our Aim is to increase our*

---

[3] Reagan befand sich dabei in der 94-prozentigen Steuerklasse (Collins 2007: 68)

national wealth so all will have more, not just redistribute what we already have which is just a sharing of scarcity"(Reagan 1981a).

Reagan gelang es teilweise, schnell seine Ziele umzusetzen, was er vor allem den durchdachten Kampagnen seiner Berater[4] und der Popularität, die er nach einem überlebten Anschlag 1981 auf seine Person erhielt, zu verdanken hatte. Es bildete sich im Kongress eine Koalition zwischen den Republikanern und etwa 60 konservativen Demokraten aus den Südstaaten. Bis Mitte 1981 konnte Reagan mit dieser Mehrheit nahezu jedes seiner Vorhaben durch den Kongress bringen (Klages 1997: 125). Im August 1981 wurde der "Economic Recovery Tax Act" (ERTA) vom Kongress beschlossen. Dieser senkte die Einkommenssteuer ab Oktober 1981 um 5% und um je 10 % in den beiden folgenden Jahren. Somit fiel der Spitzensteuersatz zunächst von 70% auf 50%. Dies war die größte Steuersenkung in der Geschichte der USA, sodass die Presse von der "Reagan Revolution" schrieb (Ehrman 2009: 18).

Gleichsam versuchte Reagan, sein Ziel des ausgeglichenen Haushaltes umzusetzen. Dazu passierte 1981 das „Gramm-Latta Budget"-Gesetz den Kongress, welches den Haushalt für das Jahr 1982 festlegte. Dieser Entwurf war das Ergebnis des Budgetausschusses im Repräsentantenhaus, welcher von Gramm (Demokrat) und Latta (Republikaner) unterbreitet wurde. Auch hier wird die Zusammenarbeit der Demokraten und Republikaner deutlich. Der Vorschlag sah eine Kürzung der Ausgaben um 36 Milliarden Dollar vor. Tatsächlich beliefen sich die Kürzungen bis 1984 auf insgesamt 130 Milliarden Dollar (Klages 1997: 126).

Letztlich verfehlte Reagan sein Ziel des ausgeglichenen Haushaltes um ein Vielfaches. So schrieb er in seinem Tagebuch 1982 Folgendes: *„ Wir, die wir den Haushalt ausgleichen wollten, sehen uns nun dem größten Etatdefizit gegenüber, das es je gegeben hat"* (Reagan 1990: 312). Tatsächlich erhöhte sich die jährliche Neuverschuldung von 74 Mrd. Dollar 1980 auf 221 Mrd. Dollar 1986 und die Gesamtverschuldung von 995 Mrd. Dollar 1981 auf 2,8 Billionen 1989 (Ehrman 2009: 23).

Trotz der Kürzungen explodierten die Ausgaben für die Rüstung. Reagan sah sich selbst in einer Zwangslage. Am 21. Juli 1982 heißt es in seinem Tagebuch: *„Ein wirklich schwieriges und bisher ungelöstes Problem betrifft den Verteidigungshaushalt und die Zahlen die*

---

[4] Dazu gehörte vor allem die Legislative Strategy Group, die vom Außenminister und Stabschef des Weißen Hauses James Baker geleitet wurde (Ehrman 2009: 15)

Dave Stockman[5] vor dem Kongreß im Hinblick auf die Etat-Defizite in den kommenden fünf Jahren nennen muß. Eine Streichung an den Verteidigungsausgaben wäre eine Botschaft an Freund und Feind gleichermaßen, die mir nicht gefällt." (Reagan 1990: 322). Reagan konnte also nicht gleichzeitig die UdSSR totrüsten (Bruhn 1995) und den US-Haushalt ausgleichen. Milton Friedman hält Reagan jedoch zugute, dass er zwar nominell die Verschuldung erhöhte, aber die Ausgaben, die nicht der Verteidigung dienten und die bis dahin stetig stiegen, stabilisierte (Friedman 2004).

Reagan selbst rechtfertigte die Ausgaben zum einen mit der Notwendigkeit der Verteidigung, zum anderen relativierte er die Verschuldung mit dem Wirtschaftswachstum: *„Und doch ist es* [das Etatdefizit] *in Relation zum Bruttosozialprodukt prozentual kleiner. Wir haben die Ausgabesteigerung unter Carter von 17 Prozent auf neun Prozent gesenkt. Die Rezession hat jedoch die Kosten erhöht und die Steuereinnahmen vermindert, sodaß wir trotz dieser Einsparungen ein größeres Defizit haben"* (Reagan 1990: 312).

Reagan führt dabei das Wachstum der Wirtschaft und die Steigerung des Bruttosozialproduktes allein auf die Steuersenkungen zurück. Tatsächlich vernachlässigt er aber den Effekt, den die immensen Ausgaben im militärischen Bereich hatten. An dieser Stelle tritt der US-Staat als riesiger Nachfrager auf. Man kann also tatsächlich von einem Nachfrage-Effekt im keynesianischen Sinne sprechen (Niskanen/Moore 1996). Insgesamt konnten die USA aber durch das Wirtschaftswachstum bis 1987 einen Anstieg der Einnahmen von 373 Milliarden Dollar verbuchen, was viermal so groß war, wie die Menge die durch die Steuersenkungen Verlust gegangen war (Reagan 1990: 339).

Daneben konnte Reagan sein Ziel der Deregulierung nur bedingt umsetzen. Bereits am Tag seiner Antrittsrede ging vom Weißen Haus die Verordnung aus, dass Preiskontrollen über Öl und Gas aufgehoben wären und alle bevorstehenden regulierenden Verordnungen vorerst einzufrieren seien. Im Februar 1981 wurde mit Hilfe der Verordnung 12291 vorgeschrieben, dass Regulierungen nur noch nach einer dementsprechenden Kosten-Gewinn-Analyse durchgeführt werden könnten (Collins 2007: 81). Man war der Überzeugung, dass diese Regulierung die einzelnen wirtschaftlichen Akteure bremse und sie in ihrer „kreativen Energie" einschränke.

Im Kontrast dazu steht das Importbeschränkungsabkommen, welches im Mai 1981 zwischen den USA und Japan geschlossen wurde. Dieses beschränkte die Einfuhr von Fahrzeugen auf 1,62 Millionen Einheiten, nachdem der Marktanteil japanischer Fahr-

---

[5] David Stockman war der Direktor des Office of Management and Budget von 1981 bis 1985.

zeuge von 28,3% auf 40,2% gestiegen war und 1980 die amerikanische Autoindustrie ein Defizit von 4,7 Mrd. Dollar erwirtschaftet hatte (Kramer 1989: 121f). Reguliert das Abkommen zwar nicht direkt den amerikanischen Markt, so schränkt es doch die Konkurrenz ein, was im Widerspruch zum selbst auferlegten Grundsatz steht, durch Deregulierung den Markt mit mehr Konkurrenz zu dynamisieren. Ähnlich protektionistisch ging die Regierung 1984 vor, als sie den Import von Stahl einschränkte, was den Preis erhöhte und benötigte Innovationen in der amerikanischen Stahlindustrie verzögerte (Ehrman 2009: 24f).

Im Finanzsektor setzte Reagan die Deregulierung fort, welche bereits während der 70er Jahre eingesetzt hatte. Gleiches vollzog sich im Bereich der Telefongesellschaften und Airlines, was die Folge hatte, dass die Preise für Flüge sanken, die angebotenen Strecken zunahmen, sowie und die Zahl der Fliegenden ständig stieg. (ebd: 25). In der zweiten Amtszeit Reagans gab es hingegen kaum noch Deregulierung, sondern man konzertierte sich lediglich darauf erneute Regulierungen zu verhindern (Collins 2007: 83).

Parallel zur Deregulierung fehlte jedoch die Installation einer effizienten Überwachung, die Missbrauch in den neu geschaffenen Freiräumen hätte verhindern können. (ebd.: 86f). So kam es 1986 zu einem Kollaps der „saving und loan industry", der Hypothekenbanken in den USA, die durch die Inflation belastet begonnen hatten, ihre Gewinne nicht mehr über Zinsen zu erwirtschaften, sondern über den Handel verschiedener Wertpapiere. Die Deregulierung des Bankenwesens führte dazu, dass auch an Akteure Geld verliehen wurde, bei denen das Risiko des Rückzahlungsausfalls sehr hoch war. Als 1986 auf einmal eine Vielzahl an Krediten nicht zurück gezahlt werden konnte, gingen viele Banken insolvent und der Staat musste mit Steuergeldern Schlimmeres verhindern (Ehrman 2009: 28).

Letztlich bleibt noch die Betrachtung der Geldmengenpoitik. Bereits zu Zeiten Carters vollzog die Fed unter Paul Volker 1979 ein Umdenken. Durch Reduktion der Geldmenge sollte die Preisstabilität wiederhergestellt werden. Dies war eine Abkehr von der direkten Beeinflussung des Zinsniveaus hin zum kontrollierten Geldmengenwachstum als Steuerinstrument (Frankl 1991: 69).

Reagan befürwortete und förderte diesen monetaristischen Ansatz, der tatsächlich Erfolge zu zeigen schien. Die Inflationsrate sank 1981 auf 10,3%, 1982 auf 6,2% und bis 1986 sogar auf 1,9% (Ehrman 2009: 65). Dieser Abfall der Rate kann jedoch nicht singulär auf die Geldmengenpolitk zurückgeführt werden, zumal diese Politik spätestens ab 1982 mit der Verschärfung der internationalen Schuldenkrise nur noch bedingt zum Tragen kam und die Geldmenge wieder stärker vermehrt wurde. Daneben zeigte sich deutlich, dass diese Politik die Rezession weiter vorantrieb, die 1982 in den USA ihren Tiefpunkt fand. (Kramer 1989: 58ff).

Glaubt man Milton Friedman, nahm Reagan die Rezession jedoch in Kauf, um die Inflation zu stoppen: *"I can testify from personal knowledge that Reagan knew what he was doing. He understood that there was no way of ending inflation without monetary restraint and a temporary recession."* (Friedman 2004).

Jack Kemp hingegen hielt monetaristische Geldpolitik unvereinbar mit angebotsorientierter Geldpolitik. Er räumt zwar ein, dass Geldpolitik geregelt werden sollte, jedoch nicht durch den Staat, sondern durch den Markt und das *"Zusammenwirken von Millionen von Individuen"* (Kemp/Leuschel 1987: 205). Letztlich wirft er den Monetaristen vor, dass ihre Abneigung gegen Interventionismus unbegründet sei, denn sie versuchen genau wie Keynesianer, die Ausgabe von Geld durch Individuen zu regulieren. Nur regulieren sie diese nicht über Defizit verursachende Konjunkturprogramme, sondern über die Festschreibung der Geldmenge (ebd.: 206).

Friedman behielt letztlich Recht darin, dass es nur ein zeitlich begrenzter Zusammenhang zwischen Arbeitslosenquote und Inflation bestand. 1982 und 1983 betrug die Arbeitslosenquote in den USA 9,5% und die Inflationsrate lag 1982 bei 6,2%. Während die Inflationsrate bis 1986 auf 1,9% fiel, blieb die Arbeitslosenquote ab 1984 relativ stabil bei 7% (Ehrman 2009: 65). Wie erfolgreich die Umsetzung der Supply-Side-Economics aber tatsächlich war, soll abschließend betrachtet werden.

5. Erfolg oder Misserfolg - eine Schlussbetrachtung

Die Bewertung der Auswirkungen und des Erfolges der Wirtschaftspolitik Reagans ist äußerst kontrovers. Betrachtet man vor allem die Statistiken, kann man nicht verleugnen, dass die Wirtschaft in den 80ern mehr wuchs als im Jahrzehnt zuvor oder danach. Das Bruttoinlandsprodukt wuchs in den 80ern im Jahr durchschnittlich um 3,1%, wobei es in den 70ern um 2,8% und in den 90ern nur um 2,1% stieg (Niskanen/Moore 1996: Table 1). Ende der 80er befand sich die Arbeitslosenquote mit 5,5% auf dem niedrigsten Stand zwischen 1974 und 1995 (ebd.: Figure 3). Die Steuereinnahmen wuchsen nach Reagans Steuersenkungen zwischen 1982 und 1989 um 24%, im Vergleich dazu stiegen die Einnahmen nach den Steuererhöhungen unter Bush und Clinton zwischen 1990 und 1997 nur um 19.3% (ebd.: Table 5). Das durchschnittliche Einkommen wuchs in den Jahren von 1981 bis 1989 um 6%, wobei es zwischen 1973 und 1981 um 5% und zwischen 1989 und 1995 um 3% fiel (ebd.: Figure 13).

William A. Niskanen und Stephan Moor beenden ihren Studie über den Erfolg der Reaganomics mit dem Absatz: *"Most significantly, the economy of the 1980s outperformed that of the 1990s in virtually every measurable category. Economic growth was higher, job creation was faster, incomes rose much faster, and productivity climbed at a healthier pace."* (Niskanen/Moore 1996).

Dabei wird in dieser abschließenden Einschätzung die Gesamtverschuldung völlig ausgeklammert. Diese verdoppelte sich unter Reagan (siehe Kapitel 4) und erhöhte sich von 27% des BIP 1981 auf 42% 1989 (ebd. Figure 7). Dies war ein Anstieg um 15%. Im Vergleich dazu sank der Anteil der Gesamtverschuldung am BIP unter Carter sogar um 2% und stieg um 10% unter Bush und Clinton. Es wirft sich also die Frage auf, ob die wirtschaftlichen Erfolge nur durch eine hohe Staatsverschuldung erkauft wurden.

Matthias Kipping attestiert Reagan zusätzlich, v.a. durch die Erhöhung der Ausgaben im Militärbereich und durch eine protektionistische Handelspolitik, lediglich kurzfristige Erfolge, langfristig aber eine Schwächung der Wettbewerbsfähigkeit der amerikanischen Unternehmen (Kipping 1992: 171). Dabei sieht er nicht nur den numerischen Erfolg Reagans, sondern er rechnet verschiedene Fehlentwicklungen gegen: So wurden unter anderem unter Reagan Umweltschutz- und Sicherheitsauflagen im Zuge der Deregulierung beschränkt oder ganz abgeschafft. Riesige Subventionen, u.a. für Boeing in Höhe von 14,4 Mrd. Dollar, oder die protektionistischen Einfuhrabkommen führten zu einer Verzerrung im Wettbewerb. Weiterhin wurde das Kartellrecht stark gelockert, sodass einige Firmen in marktbeherrschende Stellung gelangen konnten. (Kipping 1992: 1962f)

Letztlich kann man Reagan und den Supply Sidern den Erfolg jedoch nicht absprechen, wenn man bedenkt, dass das Defizit vor allem aus militärischen Ausgaben resultierte und die Deregulierung Teil der Erfolgsstrategie war. Dennoch lässt sich nicht verneinen, dass der Trend der Deregulierung und das Vertrauen in die Selbstheilungskräfte des Marktes zu jener Verblendung führten, die in die größte bisherige Nachkriegsdepression mündete. Seitdem die Finanzmärkte kollabierten und seit 2008 die Regierungen überall auf der Welt mit enormen Defizitprogrammen Banken und andere Unternehmen retten mussten, ist die Deregulierung, speziell im Bereich der Finanzmärkte, von der Agenda verschwunden und deren Regulierung erklärtes Ziel einiger Akteure geworden, die noch vor einigen Jahren Wachstum durch Gegenteiliges erreichen wollten.

Was bleibt, sind zum Teil populistische Versuche, Steuersenkungen als Anreize zum Wachstum zu verkaufen. Jedoch erscheint es fraglich, ob ein Steuersenkungsprogramm im Umfang des Economic Recovery Tax Act's ähnliche Effekte auch heute noch haben könnte, wo nationale Impulse viel weniger binnenwirtschaftlich anschlagen als globale Entwicklungen. Nationale Regierungen haben also tendenziell weniger direkten Einfluss, z.b. durch Steuersenkungen, als transnationale Abkommen. Global Governance gewinnt folglich auch hier immer mehr Bedeutung, egal ob es um Regulierung oder Deregulierung geht. Letztlich muss auf internationaler Ebene situativ entschieden werden.

Bildet man diese Erkenntnis auf die Bewertung von Reagans Wirtschaftspolitik ab, wird deutlich, dass es sich bei den Reformen zum einen um nötige und letztlich erfolgreiche Maßnahmen handelte, zum anderen aber in den folgenden Jahren, ähnlich wie die keynesianischen Maßnahmen nach dem Zweiten Weltkrieg, als zeitlos wirksame Instrumente anerkannt wurden, ohne die Notwendigkeiten der jeweiligen Gegenwart zu reflektieren und dementsprechend auch gegenläufige Handlungsoptionen in Betracht zu ziehen. Folglich sind es immer wieder festgefahrene Annahmen über die Wirksamkeit und Sinnhaftigkeit von wirtschaftspolitischen Instrumenten, die es zu überwinden oder zumindest den Umständen entsprechend zu korrigieren gilt. Die Überwindung ist Reagan gelungen, jedoch nicht die Folgekorrektur der neu entstehenden Situation. Daher ist in der Beurteilung Reagans zu trennen zwischen Überwindung alter Paradigmen und der langfristigen Folgen, die aus neuen unreflektierten Paradigmen entstehen konnten. Damit löst sich zwar nicht der Zwiespalt der Rezeption an sich, aber er lässt eine Strukturierung der Bewertung zu, welche der Frage nach dem Erfolg der Reaganomics Genüge verschafft.

6. Literatur

Bruhn, Jürgen: Der Kalte Krieg oder: Totrüstung der Sowjetunion. Der US-militär-industrielle Komplex und seine Bedrohung durch Frieden, Gießen 1995 (Focus)

Clement, Reiner/Terlau, Wiltrud/Kiy, Manfred: Grundlagen der Angewandten Makroökonomie. Eine Verbindung von Makroökonomie und Wirtschaftspolitik mit Fallbeispielen, 4., überarbeitete Auflage, München 2006 (Vahlen)

Collins, Robert M.: Transforming America. Politics and Culture in the Reagan Years, New York 2007 (Columbia University Press)

Ehrman, John: Domestic Politics and Issues, in: Ehrman, John/Flamm, Michael W. (Hrsg.), Debating the Reagan Presidency, Lanham 2009 (Rowman & Littlefield Publishers), S. 1 – 101

Frankl, Thomas: Amerikanische IWF-Politik. Die Reagan-Administration, Frankfurt am Main 1991 (Lang)

Friedman, Milton: Freedom's Friend, in: Wall Street Journal, 11. Juni 2004

Klages, Wolfgang: Staat auf Sparkurs. Die erfolgreiche Sanierung des US-Haushaltes (1981-1997),Frankfurt am Main; New York 1998 (Campus)

Kemp, Jack/Roland Leuschel: Die amerikanische Zukunft. Wachstum unsere Zukunft, 2., überarbeitete Auflage, München 1987 (Wirtschaftsverlag Langen-Müller/Herbig)

Kipping, Mathias: Reaganomics und Wettbewerbsfähigkeit – deutsche und europäische Lektionen aus einem amerikanischen Experiment, in: Jakobeit, Cord/Sacksofsky, Ute/Welzel, Peter (Hrsg.), Die USA am Beginn der neunziger Jahre. Politik Wirtschaft Recht, Opladen 1992 (Leske und Budrich)

Kramer, Ferdinand: Protektionismus in den Reagan-Jahren. Der Einfluss protektionistischer Interessen auf den U.S.-Kongreß und –Regierung zur Zeit der Überbewertung des Dollars (1982-1986),Frankfurt am Main 1989 (Lang)

Niskanen, William A.: Reaganomics, in: http://www.econlib.org/library/Enc1/Reaganomics.html; 03.04.2010, 2002 (Library of Economics and Liberty)

Niskanen, William A. /Moore, Stephen: Policy Analysis. Supply-Side Tax Cuts and the Truth about the Reagan Economic Record, in: http://www.cato.org/pub_display.php?pub_id=1120&full=1; 07.05.2010, 1996 (Cato Institute)

Peters, Hans-Rudolf: Wirtschaftspolitik, 3., vollständig überarbeitete Auflage, München; Wien 2000 (Oldenbourg Wissenschaftsverlag)

Reagan, Ronald: Address to the Nation on the Economy, in
http://www.reagan.utexas.edu/archives/speeches/1981/20581c.htm; 07.04.2010;
1981a(Ronald Reagan Presidential Library)

Reagan, Ronald: White House Report on the Program for Economic Recovery, in:
http://www.presidency.ucsb.edu/ws/print.php?pid=43427; 03.04.2010, 1981b (The American Presidency Project)

Reagan, Ronald: Erinnerungen. Ein Amerikanisches Leben, Berlin 1990 (Propyläen)